THÉATRE

ANGLO-FRANÇAIS.

THÉATRE
ANGLO-FRANÇAIS.

DESCRIPTION

DU

PLAN DE LA FAÇADE.

PARIS
IMPRIMERIE ET LIBRAIRIE CENTRALES DES CHEMINS DE FER
DE NAPOLÉON CHAIX ET C.,
Rue Bergère, 20 près du boulevard Montmartre
1860

THÉATRE
ANGLO-FRANÇAIS

DESCRIPTION

DE LA FAÇADE, DU FOYER, DU PREMIER ÉTAGE ET DES PIÈCES CORRESPONDANTES.

Les terrains ont 111 mètres de longueur sur une circulaire en plan développant 44 mètres en façade.

La façade monumentale, du plus grandiose aspect, s'élèvera vaste et imposante, du sol à la rencontre des branches du grand fronton, à 31 mètres de hauteur, dans le style architectural corinthien.

Située à l'angle du boulevard Bonne Nouvelle et du faubourg Saint Denis, elle est circulaire en plan ; l'axe de ce fragment de cintre aboutit à l'angle du boulevard Saint-Denis et de la rue du Faubourg-Saint-Denis, faisant presque face à la porte Saint-Denis, ainsi que l'indique le plan topographique ci-contre annexé.

La façade ainsi posée se compose : 1° d'une partie milieu ; 2° de deux arrière-corps, attenant à deux superbes pavillons extrêmes.

Le pavillon de droite prolonge (par son retour sur le boulevard) l'alignement des constructions particulières du boulevard Bonne-Nouvelle.

Le pavillon de gauche commence par sa face de retour ; la façade latérale longeant (sur l'alignement de la rue) le faubourg Saint-Denis, jusqu'à la rue de l'Echiquier.

Le côté opposé est isolé des bâtiments voisins par une ruelle de 3 mètres, ayant issue rue de l'Echiquier.

Unité du monument :

La partie milieu forme, à rez-de-chaussée, les accès du théâtre, conduisant au contrôle, à un large vestibule et à un double escalier monumental, large de 3^m,40 accédant au grand foyer du premier étage.

La salle des Pas-Perdus, avant le contrôle, conduit à droite et à gauche à deux établissements publics, café et restaurant, à créer dans les pavillons.

L'entrée du public est pratiquée par une immense marquise disposée de manière à ne pas couper l'aspect monumental. — La partie supérieure est décorée d'une colonnade de l'ordonnance corinthienne; les fûts sont cannelés et prévus en pierre du Jura, acceptant le poli du marbre ; cette colonnade, enchâssée par de fortes piles, est surmontée d'un fronton orné d'un bas-relief allégorique représentant la Ville de Paris recevant les Arts, la Littérature, la Poésie, la Tragédie, le Drame, la Comédie, le Vaudeville, la Féerie avec ses attributs, la Danse, la Pantomime avec ses attributs, le Chant et la Musique.

Entre l'astragale et l'entablement, une haute frise reçoit une décoration de figures représentant les Muses, peintes sur fond or quadrillé de terre de Sienne brûlée, afin d'éviter le mirage de l'or à plat; — à la rencontre des tympans du fronton, une grande figure représentant la Ville de Paris.

Sur les angles : deux groupes portés par les piédroits et les colonnes y contiguës, représentant à gauche, l'Ecole de la Tragédie et du Drame français; à droite, l'Ecole de la Danse et la Mime anglaise.

La marquise abrite les deux entrées du public, et le grand vomitoire de 7 mètres 50 centimètres, entrée spéciale des voitures, devient la sortie commune des spectateurs.

Les arrière corps comprennent les bureaux pour les billets non pris d'avance ; ils sont ornés de niches avec statues et de médaillons en marbre rappelant la fondation de l'édifice ; ils divisent le milieu des pavillons, tout en reliant les extrémités au centre; ils forment un repos décoratif, quoique faisant partie du tout.

Le grand foyer du premier étage se compose :

1° D'un grand salon central, séparé des deux grands escaliers par une colonnade à jour, pour l'été, et pouvant se clore pour l'hiver par des vitrages disposés à cet effet;

2° D'une galerie d'hiver, conduisant aux deux salons de rafraîchissement, prévus dans les pavillons extrêmes ;

3° D'une galerie d'été, accédant aux deux pavillons. Cette galerie, dont les appuis sont ornés de balustres en pierres, forme la colonnade du milieu ci-dessus décrite.

L'ensemble de la circulation libre offre au public du grand foyer des premiers étages une promenade équivalant en superficie à 1,035 mètres.

Les pavillons où se trouvent les salons de rafraîchissements sont pourvus de larges balcons sur deux de leurs angles : à droite un balcon sur le boulevard Bonne-Nouvelle et un sur la porte Saint-Denis ; à gauche un balcon formant pendant, l'un sur la porte Saint-Denis et l'autre vers le faubourg Saint-Denis.

La galerie d'été comprend les deux étages de la partie milieu.

Au second plan, et sur le premier foyer, existe un foyer secondaire, donnant accès, par la galerie superposée sur la galerie d'hiver, aux salons de rafraîchissements du deuxième étage des pavillons. Les plafonds de ces deux salons forment coupole.

Les deux pavillons extrêmes seront couronnés par quatre frontons secondaires, avec figures allégoriques sur chaque branche rampante ; à la rencontre des faîtages des frontons, il existe des piédestaux s'enchevalant sur ces mêmes faîtages et faisant pénétration sur les plans inclinés des frontons ; ces piédestaux sont surmontés de grands groupes : l'un, à droite, représente la Danse et la Mime anglaise présentant son école à la Ville de Paris ; l'autre, à gauche, le Drame et la Tragédie française présentant aussi son école, et mettant les uns et les autres le tout sous la protection de la figure centrale.

Dans les tympans des frontons circulaires les armes sculptées de l'Empereur et de l'Impératrice.

Enfin, le faîte du grand vaisseau de la salle et de la scène se termine par l'aigle impériale et le drapeau de la France.

ALPH. RUIN, DE FYÉ.
Auteur fondateur du projet, 49, rue Taitbout

Certifié conforme et exécuté exactement d'après le programme de M. Ruin, de Fyé, auteur fondateur du projet.

ERNEST LEBRUN,
Architecte en chef du Théâtre Anglo-Français,
98, rue de l'Ouest.

THÉÂTRE
ANGLO-FRANÇAIS.

Capital social : 9,000,000 de Fr.

EXPOSÉ D'UN PROJET
ADRESSÉ
A SON EXCELLENCE M. LE MINISTRE D'ÉTAT.

> L'empereur Napoléon Ier, alors premier consul, bien convaincu que le théâtre est un des principaux éléments de l'instruction, de la civilisation et de la morale des peuples, dans sa lettre au général Kléber, lui conférant le commandement en chef de l'armée d'Égypte, ajoutait :
>
> « J'ai déjà demandé plusieurs fois une troupe » de comédiens, je prendrai un soin tout parti» culier de vous en envoyer. Ceci est très » important pour commencer à changer les ha» bitudes et les mœurs du pays. »
>
> (*Histoire de Napoléon Ier*.)

ORGANISATION MATÉRIELLE.

Il n'existe à Paris aucun théâtre récemment construit, dans lequel on ait songé à apporter les améliorations de toute nature qu'exigent les progrès incessants de *l'art* et de la *science*, du *bon marché*, du *confortable* et du *bien-être public*.

Comme édifices publics, ils laissent beaucoup à désirer par leur apparence peu monumentale et mesquine ; à l'intérieur, par leur exiguïté relative, par les difficultés de la circulation, par l'insuffisance de l'espace alloué à chaque place, par les mauvaises conditions d'optique et d'acoustique dans lesquelles se trouvent les trois quarts de ces places.

Toutes ces causes tendent à éloigner les spectateurs et privent un grand nombre de personnes d'un délassement propre à former, à élever, à développer l'intelligence et à orner l'esprit des masses.

Il faut ajouter à ces inconvénients que les abords des salles de spectacle sont inaccessibles aux voitures et embarrassés par la nécessité de faire queue des heures entières sur la voie publique ; que cette nécessité éloigne un grand nombre de familles qui ne peuvent augmenter leur dépense d'un tiers pour retenir des places à l'avance.

Les prix d'entrée sont d'ailleurs fort élevés, excepté pour les places de dernier ordre, où il est à peu près impossible de voir et d'entendre. En sorte que les théâtres, au lieu d'offrir au public aisé un délassement facile, deviennent au contraire la source de sacrifices fort onéreux.

Quant aux ouvriers, aux petits marchands qui composent la partie la plus intéressante et la plus nombreuse de la population, ils sont forcés, faute de places en rapport avec leurs moyens, de s'abstenir presque entièrement d'une dépense qui représente pour eux le prix d'une journée de travail, et qui deviendrait une prodigalité véritable s'ils voulaient faire participer leur famille à ce divertissement. En effet, la location de trois ou quatre places à un théâtre d'ordre s'élève à un chiffre capable de donner à réfléchir, même aux rentiers et aux employés les mieux rétribués.

Il résulte de cet état de choses que le peuple s'entasse dans de petites salles étroites, enfumées, malsaines, mais où il entre à bon marché, et où on lui offre, en échange de quelques sous, des pantomimes ridicules, de la musique détestable, et des pièces insignifiantes quand elles ne sont pas immorales, malgré le salutaire correctif de l'examen préalable.

D'autre part, la prime que les différentes administrations théâtrales ont l'usage de percevoir, en sus du tarif, pour les places prises d'avance au bureau, écarte un grand nombre de gens économes et diminue celui des spectateurs qui y viendraient par occasion, sans dessein prémédité, s'ils étaient sûrs de pouvoir se placer convenablement ; ce qu'on pourrait appeler la clientèle flottante des théâtres ne peut exister.

Pour éviter la surtaxe de location, il faut actuellement se résigner à faire queue, c'est-à-dire à stationner des heures entières en plein air, par le soleil, le froid ou la pluie, entre deux barrières, exposé à un voisinage désagréable, surtout pour les femmes ; quelquefois à la risée des passants et même à des conflits, comme cela arrive pour toutes les pièces à succès, et cette queue empiète sur la voie publique et intercepte la circulation.

Nous n'avons pas à insister davantage sur les inconvénients de ces queues, au point de vue de l'encombrement de la voie publique, de l'hygiène et même de la morale ; ces agglomérations fortuites ne sont pas composées uniquement de gens bien élevés, et devant certains théâtres une femme n'oserait guère s'aventurer seule sans mettre sa pudeur en danger.

Les premières conditions de l'établissement d'une nouvelle salle de spectacle seront donc la *suppression* de la *queue* et de la *surtaxe* de *location* préalable, avec faculté de prendre des billets d'entrée à toute heure du jour sans augmentation de prix ; puis le personnel du soir, de service dans l'intérieur du théâtre, étant rétribué par la compagnie, permet de supprimer cette contribution forcée, cet impôt scandaleux, que les ouvreuses de loges ont l'usage de faire peser sur les spectateurs et en particulier sur les dames.

Ces conditions fondamentales étant posées, la salle de spectacle que nous nous proposons de construire sera assez vaste pour contenir un nombre de spectateurs tel qu'en maintenant le prix des places à un taux excessivement modeste, la somme des recettes, même en cas de demi-succès, soit toujours supérieure à celle des frais.

Les places, spacieuses et confortables, d'un accès facile, seront en rapport avec le goût et le luxe qui deviennent un besoin de notre époque.

La salle sera chauffée pendant l'hiver, ventilée en été par les procédés nouveaux ; elle sera disposée avec soin au point de vue de l'optique et de l'acoustique, afin d'assurer à chaque spectateur, en échange de son argent, une part égale de spectacle. D'ailleurs les plans, exécutés exactement d'après le programme de M. Ruin, de Fyé, auteur fondateur du projet, prouvent de la manière la plus évidente qu'il n'y a pas une place, de côté ou autre, d'où l'on ne voie pas aussi bien que de face. Quant à la question si importante de l'acoustique, le problème y est aussi bien résolu que celui de l'optique.

Enfin, et ceci est encore une des conditions fondamentales de notre entreprise, le nouveau théâtre devra être accessible aux plus petites fortunes, et, pour ce faire, les places seront classées en six catégories représentées chacune par un prix uniforme de 3 fr., 2 fr. 50, 2 fr., 1 fr. 50, 1 fr. et 50 centimes.

Cette réduction considérable des prix d'entrée ne portera aucun préjudice au confort ni au luxe devenus nécessaires, indispensables même, et qui sont désormais une condition expresse de succès.

La salle entière sera, sans distinction de places, divisée en fauteuils de 55 centimètres de largeur, distancés d'un mètre d'un rang à l'autre, tous également élastiques, rembourrés, numérotés, et garnis avec la même élégance, en velours grenat pour le service d'hiver, en cuir végétal pour le service d'été.

La seule différence qui déterminera celle des prix consistera dans leur situation relativement à la scène.

Quant au répertoire, il devra, et c'est une condition de la plus grande importance, se tenir à la hauteur des meilleurs théâtres. C'est un point qui sera examiné ci-après.

On ne saurait énumérer ici les diverses améliorations qui devront être apportées dans l'édification, l'agencement et l'ameublement de ce nouveau théâtre.

Indépendamment de celles qui s'adressent plus directement au public et que nous venons d'indiquer, signalons sommairement les suivantes :

Suppression des baignoires, qui seront remplacées par de superbes dress-circles richement décorés, plus coquets, plus confortables et beaucoup plus commodes que les loges, et permettront au regard de plâner de chaque place et sans dérangement sur le magnifique panorama, qu'offrira l'intérieur de cette salle éclairée par des milliers de lumières.

Ces dress circles, vastes amphithéâtres, en gradins superposés, s'élèveront au-dessus, tout en conservant sur le devant, à un mètre plus bas, de magnifiques galeries, d'où le coup d'œil ne sera ni moins flatté ni moins brillant que dans les dress-circles.

Afin d'augmenter la sonorité de la salle et l'espace disponible, cette même distribution se renouvellera à tous les étages, par la suppression des loges, à l'exception de celles d'avant-scène.

Chaque étage sera desservi par un corridor de pourtour de 4 mètres de largeur. De grands vomitoires de 7 mètres 50 cent. et 14 escaliers de 3 mètres 40 cent., dont deux spécialement réservés, l'un à S. M. l'Empereur, et l'autre à la famille impériale, seront pratiqués pour le service du théâtre et distribués de manière à être mis à la disposition du public, en cas de sinistre.

Distribuée ainsi : la salle, formant l'anse de panier, aura un parterre, un rez-de-chaussée et quatre étages, divisés en dress circles et galeries. Deux travées partant des extrémités de la salle et aboutissant à l'orchestre, passant sous le dress-circle du rez-de-chaussée, permettront aux spectateurs de se rendre librement et sans encombre à leur place. Deux autres travées circulaires, contournant le parterre et accédant aux corridors de pourtour, desserviront les huit portes d'entrée de côté de la salle.

Un éclairage puissant, disposé sur les bascules d'amphithéâtre et sur les colonnes en avant des dress circles, augmentera la somme de clarté produite par les lustres.

L'emploi de la lumière électrique sera adopté dans les effets scéniques, afin de rendre fidèlement la nature dans les effets du ciel, les nuages, la lune, les éclairs et le soleil avec les ombres.

Les ressources de l'hydraulique, combinées avec celles de l'électricité, nous permettront d'amener sur la scène des eaux naturelles, au moyen desquelles on obtiendra l'imitation parfaite des mouvements et des agitations de la mer, cette immense plaine d'eau, avec ses tempêtes, ses vagues et ses écueils.

Les cascades des Pyrénées, les torrents des Alpes, d'où sortiront des sources abondantes, dont l'eau rejaillira en cascades dans les airs ; ce murmure des ondes qu'on a coutume d'entendre et de voir au milieu des campagnes des Pyrénées et des Alpes, produira dans cette enceinte une sensation toute nouvelle ; mais cette sensation sera en harmonie avec celle que fait naître l'aspect d'un temple des arts.

Puis, les eaux qui sortiront des bassins et des jets d'eaux, s'élevant en gerbes, seront si légères et si nuageuses que, par les rayons d'un beau soleil produit par l'électricité, elles formeront des petits arcs-en-ciel formés des plus belles couleurs.

Et enfin toutes les agréables perspectives nautiques.

Six grands réservoirs, non compris celui spécialement établi et réservé pour le service nautique de la scène, seront construits dans les dépendances du théâtre :

Quatre dans les combles, pour recevoir l'immense quantité d'eau nécessaire au service nautique du théâtre ;

Les deux autres seront établis dans les dessous, de chaque côté de la scène.

Dans ces deux derniers réservoirs viendront se déverser les eaux des cascades, des torrents et du trop-plein du grand bassin établi sur la scène.

Les eaux de ces réservoirs auront une double utilité :

1° Pour l'usage de la scène indiqué dans notre programme ;

2° Pour le cas d'incendie.

Dans ce dernier cas, et par mesure de précaution, il sera, aux quatre réservoirs des combles, ainsi qu'aux deux placés dans les dessous, pratiqué des conduits à charge d'eau, avec robinets auxquels viendront s'adapter des tuyaux en cuir, de manière qu'en cas de sinistre, l'enceinte, malgré son immensité, puisse être inondée en un instant.

Les deux réservoirs des dessous communiqueront aux quatre des combles, pour remonter et descendre les eaux, au moyen du système hydraulique.

La configuration de la salle en anse de panier mettra toutes les places à la portée de la scène ; et l'usage du fer dans les charpentes, tout en offrant plus de légèreté et de solidité dans la construction, deviendra une garantie contre les chances d'incendie, en même temps qu'il permettra d'augmenter le nombre des places sans gêner la circulation intérieure ; le fer remplacera également tout ce qui peut être bois dans l'intérieur d'une salle de spectacle, voire même les bois de fauteuils, qui seront en fer; ainsi que les cloisons de pourtour de la salle, les panneaux des dress circles, les bascules et balcons de galeries.

Les portes de communication avec la salle seront posées sur des coulisseaux et, au lieu de se développer en dehors, elles se pousseront sur les cloisons.

Des couloirs de service, larges et spacieux de 4 mètres, faciliteront les abords de la salle et serviront de promenoirs entre la salle et les foyers.

Les plus grandes précautions seront prises, dans l'aménagement des sorties, pour faciliter l'évacuation du théâtre en cas de sinistre.

Une appropriation nouvelle de la scène, ayant dix-huit plans, dont chacun sera pourvu de trois rainures en fer à rouleaux et de coulisseaux aussi en fer supportant les encadrements de décors, permettra des changements à vue d'une rapidité telle qu'ils ne pourront être aperçus, ce qui facilitera des transformations subites et les plus beaux effets de mouvements et de perspectives scéniques.

La nouvelle salle comportera quatre foyers, pour les répétitions des différentes troupes ;

Un vaste foyer public et deux salons richement décorés et d'un aspect grandiose offrant une superficie de 1,035 mètres de promenade aux spectateurs du parterre, du rez-de-chaussée et les premiers étages ;

Au-dessus, un autre foyer public, non moins grand que le premier, et deux salons pour les spectateurs des étages supérieurs.

Les quatre salons situés aux deux extrémités des foyers publics seront spécialement disposés, agencés, meublés et aménagés pour le service des buffets ; de la sorte, le spectateur trouvera, avantageusement et sans sortir de l'intérieur, la réunion du confort, du luxe et du plaisir.

La situation topographique d'un théâtre est, on le sait, une condition *sine quâ non* de son succès ; or, dans notre projet, le nouveau théâtre serait situé à l'angle formé par le boulevard Bonne-Nouvelle et le faubourg Saint-Denis, ayant sa magnifique façade, formant demi-lune, sur la porte et le boulevard Saint-Denis, au centre de la population industrielle et laborieuse de ces riches quartiers de Paris, véritable fourmilière de producteurs et de travailleurs.

Cet emplacement ayant une circulaire en plan développant 44 mètres de largeur, faisant presque face à la porte Saint-Denis, sur 111 mètres de longueur, nous permet de donner à la salle une contenance de 6,400 spectateurs : plus du triple de celle du plus grand théâtre existant aujourd'hui à Paris, avec une scène et des dépendances proportionnées à cette vaste étendue.

Ce superbe emplacement, définitivement arrêté de concert avec M. Tronchon, chef de division des plans de la ville de Paris, sera l'objet d'une expropriation spéciale ordonnée par M. le sénateur préfet de la Seine, qui a pris notre projet en sérieuse considération et lui accorde sa haute bienveillance.

Ainsi la Compagnie prendra les terrains expropriés, dans tout le périmètre nécessaire au théâtre Anglo-Français, au prix d'estimation de la ville de Paris.

COMPOSITION THÉATRALE.

Le privilége de cette nouvelle entreprise théâtrale que nous avons eu l'honneur d'obtenir officieusement de S. Exc. M. le ministre d'Etat, comporte, comme genre national, le *drame*, la *comédie*, le *vaudeville militaire* (haute littérature historique), considérés au point de vue national. Ce genre, traité par des auteurs habiles, est appelé à frapper vivement l'esprit des masses, en plaçant sous les yeux du public le tableau vivant et animé des faits d'armes et des exploits guerriers les plus glorieux pour la nation, et les événements historiques propres à vulgariser l'instruction dans le peuple, et à produire sur son cœur et sur son intelligence un effet salutaire.

Remarquons que le théâtre, qui fut dès son origine le temple de l'instruction, de la civilisation et de la morale des peuples, est aujourd'hui parmi nous, grâce au rang qu'il tient dans notre littérature, l'objet de l'intérêt le plus vif de la population intelligente et de la curiosité la plus empressée des étrangers.

Malheureusement l'attente des étrangers est trop souvent trompée ; car outre qu'ils ne trouvent pas à la hauteur de notre réputation de bon goût les misérables productions qui déshonorent certaines scènes parisiennes, c'est encore en vain qu'ils cherchent dans Paris, cette grande cité des arts, des salles de spectacles qui soient en rapport, par leur splendeur architecturale, avec l'aspect grandiose de notre capitale.

Hélas ! Paris, l'Athènes des temps modernes, la ville sans égale, est complétement déshéritée d'un genre d'édifices dont plusieurs chefs-lieux de départements s'honorent et qu'ils peuvent opposer avec avantage aux nôtres.

A Paris, les maisons particulières ont un aspect monumental et architectural bien supérieur aux théâtres, qui, la plupart, construits il y a plus de soixante ans, semblent être restés à l'état de provisoire.

Paris tel que nous l'a fait une auguste volonté, le Paris du nouveau Louvre, de la rue de Rivoli, des boulevards neufs et des halles centrales, ne peut plus se passer d'un théâtre monumental, dans lequel des acteurs choisis donneront au peuple le spectacle des grandes choses qui font la gloire de la première ville du monde et de la France entière.

Les grandes voies de communication appellent les vastes édifices ; il ne faut plus que, sur ces boulevards majestueux, le long de ces rues colossales, on soit obligé de chercher et de découvrir la porte d'un théâtre au milieu d'un réseau de boutiques, de guinguettes et d'échoppes.

De même que le Colisée de Rome dominait la ville de ses vastes arceaux, ainsi l'édifice dans lequel des voix inspirées racontent au peuple l'histoire des passions, des grandeurs et des faiblesses humaines, doit s'élever imposant et magnifique, et appeler de loin les habitants de la grande ville.

Le théâtre est un monument qui doit être grand et vaste comme le monde. Or ce nouveau monument théâtral inspirera un véritable sentiment de respect et reportera l'imagination de l'homme vers la naissance des choses dramatiques; car l'homme se sent tellement passager, qu'il a toujours de l'émotion en présence des choses du passé.

Présentement, il n'y a pas à Paris six théâtres qui aient à l'extérieur l'apparence monumentale de leur destination, et l'on n'exagère pas en affirmant que le corps de garde du boulevard Bonne Nouvelle a plutôt l'aspect d'un théâtre que la plupart des salles de spectacle de Paris.

Si les théâtres de Paris pèchent à l'extérieur par une absence complète de style et de grandeur, et à l'intérieur par l'absence de dispositions intelligentes, de confort et d'élégance, c'est que la plupart des *directeurs sont sans expérience*, n'ayant fait aucune étude spéciale sur ces matières; c'est qu'ils prennent une direction théâtrale par circonstance, comme une autre affaire, comme ils feraient d'une boutique ; c'est qu'ils n'apprécient pas la grandeur de leur mission, la haute influence de l'art dramatique sur la littérature, les arts et les sciences ;

sur les mœurs, l'élégance et le bon goût; ses moyens d'attrait et de sympathie de la part des étrangers pour les idées françaises.

Le succès d'un théâtre ne dépend pas uniquement de l'intérêt du spectacle qu'il donne; une bonne partie de sa vogue tient aussi au luxe qu'on y déploie, au confortable qu'il offre à tous et à chacun, au bien-être qu'on y éprouve, aux sensations de grandeur et de magnificence qu'il inspire.

Tous les pays l'ont compris, et toutes les grandes villes de l'Italie, de l'Espagne, de l'Allemagne, de la Russie et de l'Angleterre possèdent des théâtres magnifiques, dont la réputation européenne écrase les nôtres ; Paris, seul, n'a pas une salle de spectacle digne de lui !

Dira-t-on que l'argent manque? C'est une erreur ; l'argent est toujours prêt à affluer là où la spéculation prend un grand parti et opère sur de vastes proportions. Qu'il soit défiant et indécis pour les petites entreprises dont le destin le plus favorable est de végéter au jour le jour, c'est possible ; mais il a une confiance illimitée dans les grandes affaires largement conçues, qui doivent produire d'abondantes récoltes.

Qu'il paraisse une combinaison sérieuse, un emplacement favorable, des projets bien étudiés, des plans arrêtés, des devis bien justifiés, des connaissances acquises rendues évidentes par l'énoncé pratique des choses théâtrales, et le jour où l'on fera appel aux capitaux disponibles pour constituer une entreprise clairement expliquée, l'argent affluera ; car l'argent, comme une graine féconde, germe et fructifie dans un sol fertile.

Disons-le hautement, le théâtre est un grand élément de fortune dans des mains habiles et capables ; mais il a cela de particulier, de contraire à certaines industries, c'est qu'il ne veut pas qu'on discute et limite ses dépenses, qu'on le soumette à de parcimonieuses économies, qu'on marchande son succès.

Nous reviendrons plus tard sur ces importantes questions de science pratique et d'économie théâtrales, qui, dans notre pensée, devraient faire l'objet d'une école spéciale, formant des administrateurs capables, qui transformeraient le théâtre en France. Nous en ferons l'objet d'un mémoire qui sera adressé à S. Exc. M. le ministre d'État.

C'est une vérité que nous proclamons, non par nous-même, mais par les faits que nous avons acquis et recueillis pendant dix-huit années de pratique et d'études spéciales dans les théâtres en France et à l'étranger. Toutes les fois qu'on voudra faire des choses dramatiques une question purement mercantile, pour un succès on aura dix chutes, et l'on absorbera en détail et en s'épuisant des fonds qui, intelligemment et à propos employés, auraient fait la fortune des directeurs et de leurs commanditaires.

Le théâtre est un grand besoin de l'époque ; c'est par cela même un instrument précieux dans les mains du pouvoir. A ce double point de vue, un théâtre bien conçu doit réussir moralement et matériellement.

Il offre un délassement agréable, un charmant rendez-vous de plaisir, une arène toujours ouverte aux entraînements du luxe et de la mode ; mais il est essentiel que le public y trouve ses aises, en même temps que son plaisir ; il faut qu'on lui donne un spectacle choisi, plein d'intérêt et à un prix abordable, tandis que d'autre part on lui offrira le confort sans lequel il n'y aura bientôt plus de succès possible.

Nous avons dit que le drame, la comédie et le vaudeville, considérés au point de vue national, formaient la base du théâtre projeté ; nous y ajouterons comme étant compris dans le privilége et comme genre populaire en Angleterre, la *grande féerie chorégraphique pantomime*, avec chœurs et accompagnement d'orgue d'harmonie dans les galeries de la scène, genre de spectacle dans lequel les Anglais ont une supériorité pareille à celle des Italiens pour le chant et la musique.

La variété d'un pareil répertoire nécessite quelques éclaircissements :

Chacun des théâtres actuels exploite un genre défini, qui constitue sa spécialité ; mais, comme nous l'avons dit plus haut, les œuvres véritablement littéraires, c'est-à-dire capables d'élever l'intelligence et d'exercer une action moralisatrice sur les esprits, sont très peu accessibles à la masse de la population. Le haut prix des places qui résulte des frais considérables de mise en scène, et les appointements considérables des artistes chargés de l'interprétation de ces œuvres, écarte fatalement les gens peu aisés, et les rejette dans les théâtres inférieurs, où l'on ne joue pas, où l'on ne peut pas jouer des pièces d'une telle valeur.

Il suffit de voir les chiffres que nous avons attribués aux émoluments de nos acteurs et à nos autres dépenses scéniques, pour se convaincre par l'importance des déboursés qu'ils nécessiteront, que rien ne sera négligé pour assurer à notre théâtre un véritable succès.

Les appointements figurent ainsi :

Troupe française..................	210,000	250,000 fr.
La figuration....................	40,000	
Troupe anglaise...........................		230,000
Orchestre.............................		78,000
Total............		558,000 fr.

De la sorte, nous serons à même de jouer les meilleures pièces, aussi bien montées sous tous les rapports qu'on puisse le désirer ; d'un autre côté, la rémunération brillante qui est réservée aux auteurs dramatiques, grâce au total probablement toujours élevé des recettes brutes, sur lesquelles ils prélèveront le droit d'un dixième, nous assurera leur concours empressé et leurs préférences, et nous permettra de choisir parmi les plus dignes et les meilleurs. Nous aurons donc toute facilité pour monter dans ces quatre genres, *drame, comédie, vaudeville* et la grande féerie chorégraphique pantomime, des ouvrages méritant l'approbation publique et tout avantage de n'arrêter notre choix que sur ce qui nous paraîtra, après un examen mûr et impartial, capable de produire un effet salutaire sur le cœur et l'esprit des spectateurs, en leur donnant ce qu'ils demandent, c'est-à-dire un délassement agréable et une instruction utile et réelle.

Tout le monde aura le même intérêt: les auteurs, à apporter de bonnes pièces, qui seront pour eux la source de bénéfices aussi considérables que bien mérités ; le public, à écouter, à voir représenter, commodément et à bon marché, un répertoire à la fois moral et amusant ; et les personnes s'occupant de l'exploitation du théâtre, à réunir tous leurs efforts pour faire naître et pour consolider la prospérité de leur entreprise.

On conçoit l'impulsion féconde que cette création nouvelle devra imprimer à la littérature dramatique moderne, en lui ouvrant des voies larges, faciles et avantageuses. Peut-être déterminera-t elle un mouvement glorieux, auquel le digne héritier du grand Empereur aura la gloire d'attacher son nom.

Diverses considérations nous ont décidé à joindre dans notre projet les genres anglais aux genres nationaux, et à appeler une compagnie d'artistes qui introduirait les grandes féeries chorégraphiques pantomimes que nous connaissons si mal, dont il n'y a eu que de très-médiocres essais à l'Académie impériale de musique, où elles ont néanmoins obtenu le plus brillant succès.

En premier lieu, il existe un théâtre français à Londres. Est-ce que Paris, où la population anglaise augmente chaque jour davantage, où l'on élève des monuments religieux pour les besoins du culte de nos voisins, pourrait se passer plus longtemps d'un théâtre du genre anglais ?

Ensuite, cette seconde troupe offrira l'avantage de varier nos spectacles et de supprimer les entr'actes, ce fléau de tous les théâtres ; puis, elle nous révèlera des artistes et un genre dramatique qui obtiennent le succès le plus complet et le plus mérité de l'autre côté de la Manche, et auquel les Anglais de Paris voudront, sans doute, accorder leurs suffrages, leurs bravos, et peut-être aussi leurs capitaux ; puis la création de cette nouvelle et vaste entreprise théâtrale anglo-française en élevant, en France, l'Angleterre au premier rang dans l'art dramatique aura encore pour but de resserrer plus étroitement l'alliance entre les deux peuples.

D'autre part : si l'Angleterre est dignement représentée en France au point de vue de son commerce et de son industrie, il importe qu'elle le soit également au point de vue des arts. Elle ne doit point ignorer que les arts sont la fortune d'une grande nation, qu'ils font sa gloire, développent les intelligences, polissent les masses et font un peuple grand. Méconnaître ces faits, serait nier ses sympathies pour les idées françaises.

La féerie, la danse et la pantomime sont une langue universelle ; chacun la comprend, parce qu'elle parle aux yeux, et que la confusion des idiomes ne s'étend pas jusqu'à l'organe de la vue.

Un enthousiasme réel accueille les ballerines que nous envoie l'Espagne ; fera-t-il défaut aux gracieuses filles de l'Angleterre, de l'île des cygnes et des beautés accomplies, comme disent les poëtes ?

Or, quand l'admiration du spectateur aura été captivée, quand tout son être se trouvera saisi de ces douces et profondes émotions, que font naître de beaux drames interprétés par des artistes d'un talent hors ligne ; quand il aura besoin de se reposer des perplexités que lui auront causées les scènes émouvantes qu'offrent toujours nos grandes et nobles pièces militaires ; alors, pour faire diversion, pour sécher les larmes répandues pendant les scènes pathétiques du drame, la chorégraphie viendra, combinée avec la musique ; puis apparaîtront des myriades de danseurs et de danseuses, de sylphes et de fées, de lutins et de sylphides, formant ensemble les groupes les plus gracieux, offrant à l'œil ravi les tableaux vivants et animés que l'on ne voit qu'en rêve, et que les mythologies seules peuvent nous inspirer.

Quand, la baguette magique à la main, une fée, sortant des ondes, semblera commander à la nature, trompant à ce point le regard du spectateur qu'il se croira transporté dans des régions enchantées, les sons d'une musique délicieuse le ramèneront doucement à la réalité, et le prépareront aux émotions enivrantes de la danse.

Notre chorégraphie, combinant le goût français avec les grâces et l'originalité anglaise, mélange de dialogue, de chants et de pantomimes si accentuées et si comiques chez nos voisins, nous paraît appelée à un succès au moins égal à celui des drames, de la comédie et du vaudeville.

La réunion de ces deux troupes et de ces deux répertoires justifie le nom de théâtre Anglo-Français que nous donnons à cette nouvelle entreprise théâtrale.

Il est bien entendu que la musique est comprise dans notre programme ; la place honorable qu'elle occupe dans le devis estimatif des dépenses prouve toute l'importance que nous attachons à la bonne composition de cette partie essentielle de notre organisation dramatique.

Le magnifique emplacement que doit occuper cette nouvelle salle de spectacle, le caractère sérieux des dix-huit années d'études spéciales théâtrales qu'apporte l'auteur de ce projet dans l'édification et l'organisation de ce nouveau théâtre, l'honorabilité et la position élevée qu'occupent les capitalistes intéressés dans cette affaire, la haute considération dont jouissent les personnes qui composent le conseil de surveillance, tout établit le mérite, la solidité et le caractère positif de cette affaire.

Il n'est pas possible de mettre en doute le succès d'une telle entreprise en présence de tant d'innovations heureuses, de tant de richesses, de luxe, de bon goût et de confortable réunis; lorsqu'on supprime tous les abus des queues et de surtaxe, que les prix sont abaissés à portée de toutes les positions ;

Quand ce théâtre est le plus magnifique, le mieux organisé, le mieux composé comme troupes et pièces, — et situé dans le lieu le plus beau, le plus central de Paris ;

Quand Paris est devenu, par la réunion des savants et des artistes les plus éminents de toutes les nations, le centre des plus belles créations littéraires, artistiques et scientifiques ;

Quand par son luxe, ses richesses, ses jardins, ses parcs, ses monuments, ses académies, ses musées, il est justement appelé l'Athènes des temps modernes ; — quand chaque jour voit surgir comme par enchantement tant de nouveautés qui font l'objet de l'admiration du monde entier ; — quand sa population, si enthousiasme pour les grandes créations qui font sa gloire et sa richesse, est possédée d'une véritable passion pour les fêtes et les spectacles ; —quand plusieurs théâtres vont être abattus pour la création de nouveaux boulevards et qu'il est indispensable de les remplacer ; — quand chaque jour arrivent de tous les points du globe des multitudes d'étrangers avides de connaître Paris et ses merveilles, — dans de telles circonstances peut-on supposer que notre beau théâtre n'aura pas le plus brillant succès ?

COMBINAISON FINANCIÈRE.

La Société est constituée en commandite pour quarante années.

M. Ruin, de Fyé, apporte à la Société :

Le projet de cet établissement; le privilége; le résultat de ses travaux, démarches et négociations pour l'obtention de l'emplacement accordé par la ville de Paris; les documents, plans et études préparatoires aux constructions; ses travaux pour l'organisation dudit théâtre; ses soins de direction de l'exploitation, son aptitude, ses innovations, fruit de dix-huit années d'études spéciales théâtrales.

Le capital social est fixé à neuf millions de francs, qui seront représentés par 1,800 actions de 5,000 francs chacune.

Le versement des souscriptions sera effectué comme suit :

Un quart en souscrivant, et le surplus par tiers, de trois mois en trois mois, à partir de la constitution définitive de la Société.

EMPLOI DU CAPITAL.

Le capital sera employé de la manière suivante :

Achat des terrains nécessaires à l'édification du théâtre Anglo-Français.

Superficie, 5,066 mètres compris dans le périmètre concédé par la ville.

La ville ne pouvant fixer le prix de nos terrains d'une manière définitive, qu'après leur expropriation, pour établir une moyenne à peu près certaine, nous en fixons approximativement le prix sur celui de vente des terrains environnants.

Nous prenons 5,066 mètres de terrains que nous estimons, d'après nos calculs et en groupe, à 583 fr. le mètre superficiel.

Or, nous disons :

1° 5,066 mètres de terrains à 583 fr., soit	2,953,478
2° 4,566 mètres sup. de constructions, à 800 fr. le mètre sup., soit.	3,652,800
3° Décors, aménagement et agencement de la scène; machinerie, appareils hydrauliques et électriques.........................	599,594
4° Ornementation, ameublement de la salle, des foyers, du café et des salons buffets; peintures, décorations, tapisseries, lustres, candélabres, attributs, appareils à gaz......................	870,000
A reporter......	8,075,872

Report.........	8,075,582
5° Costumes, petits et grands vestiaires; accessoires de la scène et autres, etc...	292,400
6° Cautionnement...	30,000
7° Fonds de roulement	200,000
8° Et enfin, réserve en cas d'insuffisance du chiffre attribué aux diverses dépenses	401,368
Total égal au capital	9,000,000

Il est bien entendu que pour le chiffre de la construction, l'appréciation formulée ci-dessus est modifiable, par l'étude d'un devis descriptif et estimatif détaillé résultant du projet définitif d'exécution approuvé par le conseil des bâtiments civils; ce projet et ce devis seront faits ultérieurement et seront variables suivant les conditions qui pourraient être imposées lors de leur présentation.

Le fonds de roulement servira en grande partie aux dépenses premières suivantes :

1° Frais de voyages pour l'engagement des deux troupes ;

2° Un mois d'avance aux artistes engagés à l'étranger ;

3° Location d'un local provisoire pour les répétitions ;

4° Voitures-tapissières, chevaux ;

5° Etoffes pour costumes, petits et grands vestiaires, chaussures, trousseaux, chapellerie, ganterie, perruques, brosseries, armes, accessoires, rouge et divers ustensiles au service de la scène.

ALPH. RUIN, DE FYÉ,

Auteur-fondateur du projet.

Certifié conforme, d'après nos calculs d'appréciation, en ce qui concerne la construction,

ERNEST LEBRUN, Architecte,

Rue de l'Ouest, 98

EXPLOITATION DU THÉATRE.

Dépenses générales annuelles.

Impôts immobiliers.	7,500 fr.
Impôts mobiliers.	5,000
Patente.	4,000
Assurance de l'immeuble.	6,000
Assurance du matériel.	4,000
Entretien annuel des bâtiments, maçonnerie, charpente, vitrerie.	10,000
Eclairage au gaz.	45,000
Huile pour les lampes.	3,650
Abonnement aux eaux.	750
Impression pour lettres, engagements, billets de location, bordereaux, affiches, cartons pour billets et contremarques, frais de bureaux, registres, etc.	12,000
Pompiers.	3,700
Garde municipale.	3,600
Balayage (abonnement).	600
Entretien de la salle, accessoires, tapisserie, papiers aux loges d'artistes, brosserie, chaussures, chapellerie, armes, ganterie, rouge, perruques, blanchissage.	30,000
Etoffes pour costumes, trousseaux, petits et grands vestiaires.	60,000
Accessoires et ustensiles de la scène.	12,000
Décors.	70,000
Entretien des voitures et nourriture des chevaux.	3,600
Total.	281,400 fr.

ADMINISTRATION.

Le gérant directeur........................	40,000 fr.
Un directeur de la scène....................	8,000
Un régisseur général.......................	6,000
Un sous-régisseur.........................	4,000
Un secrétaire.............................	4,500
Un inspecteur général du personnel...........	3,000
Trois inspecteurs placeurs...................	6,000
Un caissier...............................	2,400
Un chef du matériel.......................	2,400
Trois buralistes du soir.....................	2,700
Deux préposés à la location du jour...........	3,600
Un commis...............................	1,500
Un souffleur..............................	1,200
Deux garçons de théâtre....................	2,000
Un concierge.............................	1,000
Un contrôleur chef........................	2,400
Trois sous-contrôleurs.....................	2,700
Un maître costumier.......................	2,400
Trois tailleurs habilleurs...................	4,500
Une maîtresse costumière...................	2,400
Trois habilleuses..........................	2,700
Un chef machiniste........................	8,000
Trois brigadiers et équipage.................	30,000
Un maître coiffeur.........................	2,400
Trois coiffeurs............................	3,600
Palefreniers et conducteurs..................	2,400
Total..............	151.800 fr.

TROUPE DRAMATIQUE FRANÇAISE.

HOMMES.

Deux grands premiers rôles.............................	
Quatre premiers rôles.................................	
Trois grands deuxièmes rôles...........................	
Quatre deuxièmes rôles................................	
Quatre troisièmes (deuxièmes au besoin)................	
Un premier père noble.................................	
Un premier père grime.................................	
Un comique premier rôle...............................	
Un comique grime......................................	
Deux comiques troisièmes (deuxièmes au besoin).........	
Un grand jeune premier chantant.......................	
Deux jeunes premiers, deuxièmes rôles..................	
Un premier amoureux chantant..........................	210,000 fr.
Deux premiers amoureux chantant (deuxièmes)............	
Quatre accessoires, utilités...........................	
Un répétiteur...	

FEMMES.

Deux grands premiers rôles............................	
Quatre deuxièmes (premier au besoin)...................	
Quatre troisièmes (deuxième au besoin).................	
Deux jeunes premières chantant........................	
Deux premières amoureuses chantant.....................	
Deux ingénues...	
Deux soubrettes, premier et deuxième rôles.............	
Quatre utilités.......................................	
Choristes, figuration, comparses.......................	40,000
Total..........	250,000 fr.

CHORÉGRAPHIE.

Troupe anglaise. — Corps de Ballet.

(SIX PARTIES COMPLÈTES.)

Un maître de ballet....................................	
Un deuxième maître de ballet.......................	
Un répétiteur..	
Quatre chorégraphes premiers danseurs...........	
Deux chorégraphes mimes premiers danseurs....	
Deux comiques...	
FEMMES.	230,000 fr.
Deux premières mimes................................	
Six premières danseuses.............................	
Six premières pas de caractère.....................	
Huit deuxièmes devant................................	
Huit deuxièmes pour travestissement..............	
Trente-deux danseuses corps de ballet............	
Trente-six coryphées.................................	
ORCHESTRE.	
Un chef d'orchestre...................................	
Un sous-chef d'orchestre............................	
Un répétiteur..	78,000
Un accompagnateur...................................	
Soixante musiciens....................................	
Copie de musique.....................................	4,000
Entretien des gros instruments.....................	1,000
Total...............	313,000 fr.

RECETTES.

Si l'on considère la situation de notre théâtre, au point de vue central de nos superbes boulevards, la magnificence et la grandeur de cet édifice au dehors, les vastes et grandioses proportions de la salle, des foyers, des salons, des couloirs, l'exposition des tableaux de grands maîtres qui y seront déposés; la richesse extraordinaire et le bon goût de l'ornementation et des décorations, l'étendue de la scène, pourvue de dix-huit plans, produisant des perspectives inconnues, l'introduction des eaux et de l'électricité; l'attrait, la nouveauté, l'extraordinaire de nos grandes féeries chorégraphiques pantomimes, des grandes scènes historiques et des plus grands événements de la nature, représentés avec l'appareil et le luxe que l'imagination peut seule rêver; — si l'on considère nos réformes et nos innovations théâtrales, l'abaissement du prix des places à la portée de toutes les conditions, cependant toutes confortables, toutes pourvues de fauteuils spacieux, rembourrés, élastiques et semblables, on conviendra que cette création, qui fera événement, provoquera vivement la curiosité non-seulement des Parisiens, mais encore des habitants de la province que les chemins de fer amènent si facilement à Paris, et nous assurera la présence de deux cent mille étrangers qui y arrivent annuellement de tous les points du globe.

Ce n'est donc point exagérer de dire que, pendant les premières années au moins, nous aurons salle comble.

Il est de règle absolue, en économie industrielle, qu'un besoin public étant satisfait à bas prix, la consommation s'accroît en proportion géométrique; il en sera de même de notre théâtre, les prix étant abaissés des quatre cinquièmes du taux actuel, le public n'y viendra pas seulement quatre fois, mais bien seize fois plus.

La salle sera d'une contenance de 6,400 places, divisées ainsi qu'il suit :

1°	1,200	places	à 3 fr.............................	3,600
2°	1,200	»	à 2 fr. 50 c.......................	3,000
3°	1,200	»	à 2 fr.............................	2,400
4°	1,240	»	à 1 fr. 50 c.......................	1,860
5°	750	»	à 1 fr.............................	750
6°	750	»	à 50 c.............................	375
7°	60	»	avant-scènes en moyenne à 4 fr. ...	240

TOTAL des 6,400 places produisant par jour............. 12,225

La salle comble donnerait ainsi, pour chaque jour, une recette de 12,225 fr., soit pour 360 représentations par année..................... 4,401,000
Produit des douze bals annuels (moyenne)................. 300,000
Location du café et du restaurant, avec service des buffets intérieurs. Apport.. 60,000

TOTAL du produit d'une année........... 4,761,000

Ce résultat est assurément très-probable, surtout pendant les premières années; cependant nous resterons dans les limites restreintes des recettes ordinaires obtenues par les théâtres actuels, et nous calculerons nos recettes d'après les moyennes suivantes :

1°	80	représentations salle comble, par jour. Fr	12,225	»	978,000 »
2°	80	— à 3/4 de salle........	9,168	75	733,500 »
3°	74	— à 2/3 de salle........	8,150	»	603,100 »
4°	74	— à 1/2 de salle........	6,112	50	452,325 »
5°	52	— à 1/3 de salle........	4,075	»	211,900 »

TOTAL du produit des places............. 2,978,825 »
Produit des douze bals annuels (moyenne)............. 300.000 »
Produit des locations (apport)....................... 60,000 »

TOTAL DES RECETTES............ Fr. 3,338,825 »

RÉSUMÉ

DES

RECETTES ET DES DÉPENSES.

Recettes.

Produit moyen des places.................... Fr.	2,978,825	»
Produit des douze bals	300,000	»
Produit des sous-locations...................	60,000	»
Total des recettes........... Fr.	3,338,825	»

Dépenses.

Prélèvement de 20 0/0 pour les droits d'auteurs et pour les pauvres...................... Fr.	595,765	»		
Dépenses générales.................	281,400	»		
Administration....................	151,800	»		
Troupe dramatique française et choristes, figurants, comparses...................	250,000	»		
Chorégraphie, troupe anglaise, corps de ballet, orchestre.....................	313,000	»		
Total des dépenses.........	1,591,965	»	1,591,965	»
Bénéfices nets............. Fr.			1,746,860	»

RÉPARTITION DES BÉNÉFICES.

Les bénéfices seront employés comme suit :
1° A servir aux actionnaires un intérêt de 6 0/0 l'an ;
2° A leur servir 4 0/0 à titre de prime ;
3° Le surplus à l'amortissement, par voie de tirage au sort, jusqu'à concurrence de six cents actions formant le tiers du capital social, avec prime de 1,000 fr. par action, soit pour chacune, 6,000 fr.

Dans notre conviction, cet amortissement sera opéré en moins de deux années.

Après ce remboursement en capital, intérêts et prime, tous les bénéfices seront répartis à titre de dividende, savoir :
Deux tiers aux douze cents actions restantes ;
Un tiers à M. Ruin, de Fyé, fondateur, pour prix de son apport.
Ce tiers sera représenté par six cents nouvelles actions ayant un droit égal aux autres.

Les dix-huit cents actions jouiront ainsi de la totalité des bénéfices, et les dividendes élevés donneront à ces titres une valeur considérable.

Ainsi, M. Ruin, de Fyé, ne participera point aux bénéfices avant ce remboursement, c'est-à-dire avant d'avoir prouvé largement l'excellence de cette entreprise ; et cette considération doit inspirer toute confiance, par l'intérêt qu'il aura personnellement à la rendre productive.

A l'expiration des quarante années, durée de la Société, les actionnaires auront à se partager l'actif social, s'ils n'aiment mieux prolonger la Société pour une nouvelle période.

L'actif à partager sera composé comme suit :

1° Les immeubles, théâtre et dépendances............. Fr. 8,000,000
2° Le matériel composé du mobilier en général, tel que décors, costumes, accessoires, agencement et ustensiles de la scène, mobi-

A reporter.... 8,000,000

	Report.....	8,000,000

lier des salons, de la salle et des foyers, lesquels, bien entretenus et accrus chaque année, auront une valeur qu'on ne peut estimer à moins de 1,000,000
 3° Le fonds de roulement............................ 200,000
 4° Le cautionnement................................ 30,000
 5° L'encaisse....................................... Mémoire.

Total...... F. 9,230,000

ALPH. RUIN, DE FYÉ,

Auteur-Fondateur du projet, 48, rue Taitbout.

COMPAGNIE GÉNÉRALE

DU

THÉATRE ANGLO-FRANÇAIS.

STATUTS SOCIAUX.

Par devant M^e
et son collègue, notaires à Paris, soussignés

Ont comparu :

1º M. Alphonse RUIN, de Fyé, directeur de théâtres impériaux et royaux, demeurant à Paris, rue Taitbout, nº 43,

d'une part;

2º M. Pierre DUPRAT, propriétaire, entrepreneur de constructions, demeurant à Paris, rue Saint-Antoine, nº 56 ;

3º M. Jean TATOUX, propriétaire, entrepreneur de constructions, demeurant à Paris, rue du Puits-Vendôme, nº 9 ;

Et tous ceux qui adhéreront aux présentes en devenant actionnaires,

d'autre part;

Lesquels ont exposé, fait et arrêté ce qui suit :

M. Ruin, de Fyé, se porte fort d'obtenir de S. Exc. M. le ministre d'Etat le privilége du théâtre Anglo-Français, dont l'exposé est annexé aux présentes.

Dans le but de donner à cette nouvelle institution toute la grandeur et la perfection qu'elle comporte, M. Ruin, de Fyé, a voulu former une Société assez puissante pour que le noble succès qu'il attend soit entièrement assuré. — Et il a établi les statuts de cette Société de la manière suivante :

TITRE Ier.

Constitution de la Société. — Objet. — Dénomination. — Raison sociale. — Durée. — Siége.

Art. 1er.

Il est formé par les présentes, entre M. Ruin, de Fyé, et MM. Duprat et Tatoux, ainsi que tous ceux qui adhéreront aux présents statuts, une Société en nom collectif à l'égard de M. Ruin, de Fyé, directeur-gérant, seul responsable, et en commandite par actions à l'égard des autres adhérents.

Art. 2.

La Société a pour objet l'acquisition des terrains nécessaires, la construction, l'organisation et l'exploitation du théâtre Anglo-Français, dont le privilége est accordé à M. Ruin, de Fyé, par S. Exc. M. le ministre d'Etat.

Art. 3.

La Société prend la dénomination de *Compagnie générale du théâtre Anglo-Français*.

Art. 4.

La raison et la signature sociale seront : Ruin, de Fyé, et Ce.

Art. 5.

La durée de la Société sera de quarante ans, à partir de la date officielle du privilége dont il est fait ci-après apport à la Société.

Art. 6.

Le siége social sera établi à Paris, dans le local qui sera ultérieurement désigné.

TITRE II.

Fonds social. — Actions. — Versements.

Art. 7.

Le fonds social est fixé à 9,000,000 de francs.

ART. 8.

Le fonds social est divisé en dix-huit cents actions de 5,000 francs chacune.
Les actions seront nominales jusqu'à leur entière libération. — Ensuite elles pourront être échangées contre des actions au porteur.
Les actions seront payables, savoir : un quart en souscrivant, et le surplus par tiers, de trois mois en trois mois, à partir de la constitution définitive de la Société.
Les actions seront extraites d'un registre à souche, numérotées de une à dix-huit cents, et revêtues de la signature du gérant et de celle d'un membre du Conseil de surveillance; elles porteront le timbre sec de la Compagnie.

ART. 9.

Chaque action aura droit :
1º A l'intérêt de 6 0/0 ;
2º A 4 0/0 à titre de primes, — à l'amortissement avec primes — et au partage des bénéfices, ainsi qu'il est dit art. 41 ;
3º Et à la fin de Société, au partage de tous les biens meubles et immeubles composant l'actif social.

ART. 10.

Les droits et obligations attachés à l'action suivent le titre dans quelques mains qu'il passe. La possession d'une action emporte de plein droit adhésion aux statuts de la Société et aux décisions de l'assemblée générale.

ART. 11.

Toute action est indivisible. — La Société ne reconnaît qu'un seul propriétaire par action.

ART. 12.

Les héritiers ou les créanciers d'un actionnaire ne peuvent, sous quelque prétexte que ce soit, provoquer l'apposition des scellés sur les biens ou valeurs de la Société, en demander le partage ni la licitation, ni s'immiscer en aucune manière dans l'administration. Ils doivent, pour l'exercice de leurs droits, s'en rapporter aux inventaires sociaux et aux délibérations de l'assemblée générale.

ART. 13.

Les actionnaires ne sont engagés que jusqu'à concurrence du montant de leurs actions.

TITRE III.

Apport à la Société.

Art. 14.

M. Ruin, de Fyé, apporte à la Société :
1° L'idée de cet établissement, avec ses innovations et ses perfectionnements ;
2° Le privilége qu'il se charge d'obtenir ;
3° Les résultats de ses travaux préparatoires, démarches et négociations pour l'obtention de l'emplacement accordé par la ville de Paris, les documents, plans, devis et études préparatoires aux constructions ; ses travaux pour l'organisation dudit théâtre ;
4° Son temps, ses soins de directeur de l'exploitation, son aptitude, son expérience, fruit de dix-huit années d'études spéciales théâtrales.

TITRE IV.

Administration et gérance.

Art. 15.

La Société est administrée par un directeur gérant ayant la signature sociale, dont il ne peut disposer que pour les besoins de la Société.
Il est seul responsable.

Art. 16.

En sa qualité de gérant, il est investi des pouvoirs les plus étendus pour gérer et administrer, acquérir, aliéner, faire tous baux et locations, tous traités, achats et ventes d'immeubles pour le compte de la Société, intenter actions, y défendre, constituer tous mandataires, donner toutes mainlevées avec ou sans paiement, traites, transiger, composer, compromettre, enfin, faire, sous sa responsabilité légale, tout ce que sera nécessaire aux opérations de la Société, et aux suites et besoins desdites opérations sans aucune exception ni réserve. Il a seul le droit de nommer, de révoquer tous les agents de l'administration et les artistes, et de fixer leurs appointements.

Art. 17.

Le gérant consacrera tout son temps aux intérêts de la Société. En cas d'absence ou de maladie, le gérant pourra se faire représenter par un fondé de pouvoirs sous sa responsabilité.

Art. 18.

Le gérant recevra à titre de traitement et pour ses frais de représentation et de réception une somme de   francs par an, payables par douzième chaque mois.

Il aura son appartement au siége de la Société.

Art. 19.

Le gérant pourra, en cas de retraite ou de démission, choisir son successeur.

Art. 20.

En cas de décès du gérant, ses héritiers et ayants droit auront le droit de présenter un successeur.

Dans tous les cas, ses héritiers et ayants droit ne pourront requérir aucune apposition de scellés ou inventaire au siége social, ou dans aucun des établissements appartenant à la Société ; les droits du gérant seront réglés selon le dernier inventaire, et seront établis conformément à la comptabilité de la Compagnie.

TITRE V.

Conseil de surveillance.

Art. 21.

Le Conseil de surveillance de la Société sera composé de sept membres au moins, propriétaires d'au moins cinq actions.

Les membres du Conseil de surveillance seront nommés par l'assemblée générale.

Les membres du Conseil de surveillance seront élus pour trois ans, et renouvelés par tiers chaque année. Les membres sortants seront désignés par le sort pour la première fois, et ensuite par ordre d'ancienneté. Ils pourront être réélus. — Le premier Conseil n'est nommé que pour une année conformément à la loi.

Art. 22.

En cas de vacance, le Conseil pourvoit provisoirement au remplacement ; l'assemblée générale, lors de sa réunion, procède à l'élection définitive ; le membre ainsi nommé en remplacement d'un autre ne demeure en fonctions que pendant le temps qui restait à courir de l'exercice de son prédécesseur.

Art. 23.

Chaque année, le Conseil nomme parmi ses membres un président et un vice-président. En cas d'absence du président et du vice-président, le Conseil est présidé par le plus ancien d'âge des membres présents.

Art. 24.

Le Conseil se réunit au siége social aussi souvent que l'intérêt de la Société l'exige et au moins une fois par mois.
Le gérant peut assister aux réunions avec voix consultative.

Art. 25.

La présence de quatre membres est nécessaire pour la composition régulière du Conseil. Les noms des membres présents seront constatés en tête du procès-verbal de la séance.

Art. 26.

Les délibérations seront prises à la majorité des membres présents ; en cas de partage, la voix du président est prépondérante.

Art. 27.

Les délibérations seront constatées par des procès-verbaux inscrits sur un registre tenu au siége de la Société, et signés par le président et le membre remplissant les fonctions de secrétaire.

Art. 28.

Le Conseil de surveillance a pour mission de surveiller la gestion et l'administration des affaires de la Société.
Les membres du Conseil vérifient les livres, la caisse, le portefeuille et les valeurs de la Société.
Ils font chaque année un rapport à l'assemblée sur les inventaires, et sur les propositions de distribution de dividendes faites par le gérant.

Art. 29.

Les membres du Conseil de surveillance ont droit individuellement à des jetons de présence dont la valeur sera fixée par l'assemblée générale.

TITRE VI

Assemblée générale.

Art. 30.

L'assemblée générale régulièrement constituée représente l'universalité des actionnaires, même les absents ou les dissidents.

Elle est valablement constituée et délibère régulièrement, quel que soit le nombre des membres présents et le capital qu'ils représentent.

Art. 31.

L'assemblée générale se réunit chaque année, au siége de la Société, dans la première quinzaine de février.

Elle se réunit en outre extraordinairement toutes les fois que le Conseil de surveillance ou la gérance en reconnaît l'utilité.

Une première assemblée générale extraordinaire aura lieu immédiatement après la clôture de la souscription pour la nomination du Conseil de surveillance.

Art. 32.

Les convocations des assemblées générales ordinaires ou extraordinaires seront faites par un avis inséré, dix jours avant celui de l'assemblée, dans trois des journaux désignés pour les publications légales du département de la Seine.

Art. 33.

L'assemblée se compose de tous les actionnaires porteurs de quatre actions.

Art. 34.

L'assemblée est présidée par le président ou le vice-président du Conseil de surveillance ; à leur défaut, par celui de ses membres que le Conseil désigne.

Les deux plus forts actionnaires présents, et à leur refus ceux qui les suivent dans l'ordre de la liste, jusqu'à acceptation, sont appelés à remplir les fonctions de scrutateurs.

Le bureau nomme un secrétaire.

Art. 35.

Les délibérations sont prises à la majorité des voix des membres présents.

Chacun d'eux a autant de voix qu'il possède de fois quatre actions, sans que personne puisse avoir plus de dix voix.

Les actionnaires ayant droit d'assister aux assemblées générales devront justifier de leurs titres, au siége de la Société, cinq jours au moins avant celui de la réunion ; il sera remis à chacun d'eux une carte d'admission, et leurs titres, frappés d'un visa, leur seront immédiatement rendus.

La carte d'admission, qui est nominative et personnelle, indique le nombre des actions.

Art. 36.

L'assemblée générale entend le rapport du gérant et du Conseil de surveillance sur la situation des affaires sociales.

Elle discute, approuve ou rejette les comptes.

Elle nomme les membres du Conseil de surveillance.

Elle délibère sur toutes les questions portées à l'ordre du jour ou proposées par le gérant ou le Conseil de surveillance.

Enfin, elle prononce souverainement sur tous les intérêts de la Compagnie et sur toutes les questions qui pourraient lui être soumises.

Art. 37.

Les délibérations de l'assemblée générale sont constatées par des procès-verbaux inscrits sur un registre spécial et signés par le président, les scrutateurs et le secrétaire, ou par la majorité d'entre eux.

Une feuille de présence destinée à constater le nombre des membres assistant à l'assemblée et celui de leurs actions, demeure annexée à la minute du procès-verbal ; elle est revêtue des mêmes signatures.

Art. 38.

L'approbation donnée par l'assemblée générale au compte rendu des opérations, vaudra, pour la gérance, ratification et décharge définitive.

Art. 39.

La justification à faire, vis à vis des tiers, des délibérations de l'assemblée, résulte de copies ou extraits certifiés conformes et signés, soit par le gérant, soit par le président ou par l'un des membres du Conseil de surveillance.

TITRE VII.

Inventaires et comptes annuels.

Art. 40.

L'année sociale commence le 1er janvier et finit le 31 décembre. — Le premier exercice comprendra le temps écoulé entre ce jour et le 31 décembre prochain.

A la fin de chaque année sociale, il est dressé un inventaire général de l'actif et du passif de la Société, afin d'établir la situation et les bénéfices réalisés.

TITRE VIII.

Partage des bénéfices.

Art. 41.

Les bénéfices réalisés par la Société et résultant des comptes annuels, arrêtés par le gérant, présentés au contrôle du Conseil de surveillance et approuvés par l'assemblée générale, recevront la destination suivante :

1º 6 0/0 pour tenir lieu d'intérêts aux actionnaires ;
2º A leur servir 4 0/0 à titre de prime ;
3º Le surplus servira à l'amortissement, par voie de tirage au sort, jusqu'à concurrence de six cents actions, avec prime de 1,000 francs par action, soit pour chacune 6,000 francs.

Après ce remboursement en capital, intérêts et prime, tous les bénéfices seront répartis, à titre de dividendes, savoir :

Deux tiers aux douze cents actions restantes ;
Un tiers à M. Ruin, de Fyé, pour prix de son apport.

Ce tiers sera représenté par six cents nouvelles actions ayant un droit égal aux autres. Ainsi, M. Ruin, de Fyé, ne participera point aux bénéfices avant ce remboursement, c'est-à-dire avant d'avoir prouvé largement l'excellence de cette entreprise ; cette considération doit inspirer toute confiance, par l'intérêt qu'il aura personnellement à la rendre productive.

TITRE IX.

Dissolution et liquidation.

Art. 42.

A l'expiration de la Société, ou en cas de dissolution anticipée, la liquidation sera faite par les soins de la gérance, sous le contrôle du Conseil de surveillance en exercice, et d'une commission de deux membres nommés à cet effet par l'assemblée générale et choisis soit parmi les actionnaires, soit en dehors d'eux.

TITRE X.

Dispositions générales.

Art. 43.

Toutes contestations qui pourraient s'élever pendant le cours de la Société, ou lors de sa liquidation, à raison des affaires sociales, seront jugées par des arbitres conformément à la loi.

Tous actionnaires sont justiciables des tribunaux civils du département de la Seine, pour tous les faits, actes et procès relatifs à la Société, et doivent faire élection de domicile à Paris; à défaut de cette élection de domicile, elle aura lieu de plein droit en l'étude de M^e

Tous ces actes et exploits sont valablement signifiés au domicile élu, sans observation de délais de distance.

Art. 44.

Pour faire publier les présentes tous pouvoirs sont donnés au porteur d'une expédition ou d'un extrait.

www.ingramcontent.com/pod-product-compliance
Lightning Source LLC
Chambersburg PA
CBHW070717050426
42451CB00008B/692